新任教師のための

なぜかうまくいくクラスのつくり方

長瀬拓也
Takuya Nagase

学陽書房

はじめに

　本書は、若い先生をはじめ、多くの先生が、
教師の仕事をする上で考えておくと幸せになれること
という視点で書かせていただいたものです。
　今、若い先生が多く採用されるようになってきています。東京都をはじめとする都市部では、新規採用者が大はばに増え、職員室でも若い先生がとても多い学校もあると聞きます。
　そうした中で、子ども達との関わりに困ったり、苦しんだりする先生は少なくありません。しかし、ちょっと工夫したり、意識したりするだけで、よりよいクラスや教師生活にできることを伝えたいと思うようになりました。
　私自身、教師になった頃、とても苦しみました。学校が嫌になってしまったこともありました。
　しかし、多くの先輩や仲間の教員に、教師としての仕事への関わり方や心構えを教えてもらいました。そして、教えられたように意識を少し変えるだけで、とても楽しくなっていったことを覚えています。
　また、民間教育の研修にも参加するようになり、著書を多数出されている堀裕嗣先生や伊垣尚人先生、金大竜先生など、多くの先生方と出会いました。仕事への関わり方は堀先生のSNSをはじめ、多くの方から学んでいます。

本書は、そうした私自身の学び、失敗や反省から成り立っています。今までの経験をもう一度振り返りながら、若い先生をはじめ、多くの先生に伝えたいことを書きました。
　多くの方に読んでいただき、明日からのクラスや授業が少しでも明るく楽しいものになればと思っています。

長瀬　拓也

もくじ　○×イラストでわかる！　新任教師のためのなぜかうまくいくクラスのつくり方

はじめに ── 2

序章　あたりまえだけどなかなかできない大事なこと

1　仕事は肩肘張らず、できるところから始めよう ── 10
2　体調管理も大切な仕事だと意識する ── 12
3　成功より成長したことを大切にする ── 14

第1章　無理せずやってみるクラスづくりの第一歩

4　4月はまず自分のクラスを大切にする ── 18
5　4月初めの事務作業は学級経営につなげよう ── 20
6　まず子どもを「見る」ことから始めよう ── 22
7　表情を豊かにするとルールがはっきりする ── 24
8　まず一人ひとりの子どもとつながる ── 26
9　子どもと積極的にコンタクトを ── 28
10　子どもの興味関心に常にアンテナをはる ── 30

11 よさを手紙や学級通信で伝えて「つながる」── 32

12 どんなクラスにしたいのか明確にする ── 34

13 学級づくりの視点を持つ ── 36

14 自分に合った学級づくりを目指す ── 38

第2章 ちょっとだけ背伸びしてみるクラスの伸ばし方

15 4月の「はじめ」は「今年はできる！」と意識させる ── 42

16 聞く集団にすることが第一 ── 44

17 話上手な教師を目指そう ── 46

18 4月のスタートはテンポ、笑顔、面白さで ── 48

19 授業は人とつながる場として考える ── 50

20 授業は作り置きの感覚で ── 52

21 朝の会、帰りの会でメッセージを伝える ── 54

22 子ども達に合った当番システムを ── 56

23 ゴールをできるだけ視覚化する ── 58

24 子ども達の未来を語り続ける ── 60

25 お手伝いは声かけが欠かせない ── 62

26 子ども達に任せる時間を増やす ── 64

27 クラスのトラブルはクラスに返す ── 66

28 よさ見つけを継続して行う ── 68

29 常に大切にしたいことを継続する —— 70

第3章 難しい場面も苦しくならずに乗り切るためのちょっとしたコツ

30 保護者と早くつながる —— 74
31 一人の子に固執しない —— 76
32 課題がある子とは「叱らない」時間をつくりつながる —— 78
33 休み時間は様々な方法で —— 80
34 「しょうがないな」と笑って次を考える —— 82
35 自分の味方を増やしていく —— 84
36 傾聴の姿勢を持つ —— 86
37 自ら学ぶ姿勢を大切に —— 88
38 子どもを第一に考える —— 90

第4章 自分らしく仕事を続けていくための仕事術

39 仕事の時間に区切りをつける —— 94
40 宿題チェックや採点はできるだけ子どもが帰るまでに —— 96
41 書類管理は「捨てる」を基本にする —— 98

42 仕事にメリハリをつけ、力を抜いて取り組む ── 100

43 追われる忙しさに陥らない ── 102

44 段取り力をつけよう ── 104

45 自分に合う仕事の仕方を模索する ── 106

46 助言はあくまで助言として受け止めればよい ── 108

47 悩まず、次の戦略を考える ── 110

48 自分から学んでいくことを大切にする ── 112

49 自分なりの記録の残し方を考える ── 114

50 仕事以外の楽しさも見つけよう ── 116

おわりに ── 118

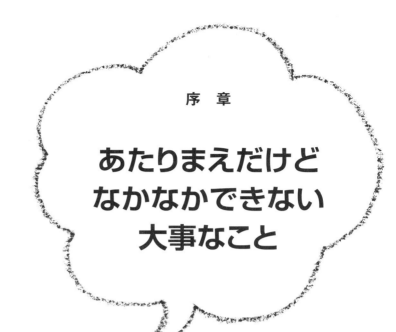

序章

あたりまえだけど
なかなかできない
大事なこと

① 仕事は肩肘張らず、できるところから始めよう

◉ 最初から100%できることはまずない

若い先生、とくに初任の先生は、理想に燃えています。
「子ども達のためにできることは何でもしよう」
とはりきっています。
そして、書店に行けば、
「こうすればうまくいく」
といった教育書が並んでいます。そんな本を読んでいると自分もなんだかできるような気持ちになっていきます。
　しかし、現実はうまくいきません。子ども達が聞いてくれなかったり、本の通りやったのにうまくいかなかったりすることが増えていきます。
「自分は教師としてやっていけるのだろうか」
そんなことを思ってしまうことがあります。
　しかし、そんな心配はまったく必要ありません。それは、100%の成果を出そうと思いすぎているからです。

◉ 肩肘張らず、できるところから始めればよい

　最初からすべてうまくいくことはありません。
　失敗するから次への課題が生まれるのです。指導案の作成であれ、学級づくりであれ、まずはできるところから不完全でもいいのでやってみましょう。少しずつ100%を目指していけばよいのです。

✗ なんでも100%やろうとしすぎると……

あれもこれもと仕事に追われ、苦しくなる。

○ 自分にできるところから始めてみる

自分ができる所から少しずつ始めていきましょう。

アドバイス

最初からすべてうまくはいきません。だからこそ、教師の仕事はやりがいがあり、楽しいものだと思って取り組んでいきましょう。

2 体調管理も大切な仕事だと意識する

● 子どもの前にいる時に全力を出せるように

　プロのサッカー選手や野球選手は実に計画的に練習しています。居残りで取り組むことはありますが、それはあくまでも例外です。「居残り特訓」とニュースになるように、普段は時間を守り、オーバーワークになるような練習はあまりしません。

　そして、どんなに練習をしても、試合本番でけがをしてしまったり、結果が残せなかったりすると、評価は厳しいものになります。

　教師も基本的には同じです。

　夜遅くまで仕事をしたり、体調を崩してまで取り組んだりして、子ども達の前でよいパフォーマンスができなければあまり意味がありません。そのため、体調管理は教師にとって大切な仕事だと考えましょう。

● リラックスする方法を考える

　体調管理の重要性はわかっていても、実際のところなかなか仕事が終わらない場合もあります。私自身も同じです。結構遅くまで残ってしまうこともあります。

　しかし、そんな自分もまた自分。自分を責めずにリラックスする方法を考えましょう。ちょっとした仮眠を取ったり、お風呂に入ったり、自分なりのリラックスの仕方を考えることをおすすめします。

✗ 仕事をがんばりすぎると……

がんばりすぎて、自分自身を追い込んでしまいます。

○ 体調管理も大切な仕事ととらえる

体調を整え、子ども達の前で元気で過ごすことも大切です。

> **アドバイス**

体調管理には睡眠が欠かせません。枕を工夫したり、ベッドの周りをきれいにしたりするとよいでしょう。よく寝る教師もよく育ちます！

3 成功より成長したことを大切にする

● うまくいかなかった時には成長がある

「クラスがうまくいかないなあ」と若い頃、随分悩んだことがあります。子どもや保護者ともうまくいかず困ったこともあります。

こうしたことは一見、失敗や課題と思えるかもしれません。

しかし、実は教師としてそこから多くのことを得ています。悩んだり、苦しんだりする中で、どうすればよいのだろうかと考えることで、実は優れた教育的思考をしていると考えましょう。こうした経験は教師を続けていく上で大きな財産になっていきます。

● 逆にうまくいっている時は慎重に

初任の先生や若い先生の場合、クラスがうまくいっている時や、仕事が順調な時ほど、慎重になることが大切です。うまくいっていると思っている時ほど、問題が発生していることがよくあるからです。

教師として大切なことは、子どもの様子を「よく見ること」または「見えること」です。うまくいっていることそのものはまったく悪いことではありません。しかし、うまくいっている時ほど、慎重に、そしてどのような課題があるかをよく考え、探ることが必要です。もっといえば、そこで安心せず、さらに高い目標を持ち、子ども達を導いていきましょう。

大切なことは、どのような状況であれ、教師も子どももうまくいったかではなく、どれだけ成長したかだといえます。

> アドバイス

「失敗は成功のもと」という言葉があります。しかし、私の場合「失敗は成長のもと」です。若いうちにどんどんチャレンジし、失敗を成長に！

第1章

無理せずやってみるクラスづくりの第一歩

4 ４月はまず自分のクラスを大切にする

● ４月は学級づくりでいいじゃないか

　教師の仕事を図にしてみると、とても多くの仕事があります。
　４月はスタートの時期なので、その仕事量はさらに増えます。最近は初任の先生でも多くの仕事を任されることがあります。
　しかし、まずは自分のクラスをつくることに専念してください。あとのことは何とかなるものです。目の前の子ども達をたくさんほめ、関わりをつくってください。時には叱り、ルールをはっきりさせるのもよいでしょう。
　また、周りの先生もぜひ、若い先生がクラスづくりに専念できるよう、サポートしてほしいと思います。

> アドバイス

周りの先生に甘えることができる先生になってください。4月に学級の基盤をつくり、徐々に学校の仕事をするとよいでしょう。

5　4月初めの事務作業は学級経営につなげよう

● 4月初めの事務作業は子どもの名前を覚えること

　4月初めに、児童調査票や保健関連の書類をそろえたり、場合によっては要録をクラスごとに分けたりする作業があります。
　なぜかというと、その作業をすることによって、
子ども達の名前を覚えることができる
からです。
　4月初めの事務作業を通じて、子ども達の名前を覚えておけば、あとで覚える必要がありません。つまり、1つの作業で2つ以上の内容をこなしてしまうのです。

● 丁寧さとスピード

　上記のように、4月初めの書類に関わる事務作業は、あまり子ども達と関係ないように見えますが、実際は学級経営につながることがあるのです。
　こうした書類に関わる仕事には時間がかかるものもあります。しかし、いい加減にするとやり直すはめになり、二重に時間がかかることになります。
　そのため、
丁寧にスピードを上げて
取り組むことをおすすめします。

> **アドバイス**

書類の事務にも重要性や緊急性の度合いがあります。その仕事の重要性に合わせ、時間のかけ方も考えましょう。

6 まず子どもを「見る」ことから始めよう

● まず一人ひとりを「見る」ことから始める

　学級経営で大切なことは、一人ひとりを「見る」ことから始めることです。学級の引継ぎや連絡事項で、子ども達の様々な情報を聞くと思います。しかし、その情報だけを信じるのではなく、本当にそうなのかどうか「見る」ことが大切です。

● 悪いところだけではなく、よいところも「見る」

　どうしても悪いところばかりに目が行ってしまいます。しかし、よいところを意識的に見るようにしましょう。
「Aさんは、こんなところがあるんだな」
「Bさんは、給食当番がんばっているんだ」
と新しい発見をしていくことが4月はとても大切です。

● リセット宣言をすることも

　いわゆる「しんどいクラス」を任された時に、
「君たちの昨年のことは忘れる。リセットしよう」
「今日からの行いを見て、評価したい」
と話をしたことがあります。
　昨年は昨年、今年は今年というように、新しく一人ひとりを見て、大切にするという宣言をすることで、比較意識や先入観をできるだけ持たないようにしました。こうしたリセットする意識も大切です。

✗ 4月の引継ぎを鵜呑みにすると……

引継ぎ内容にとらわれすぎてそのイメージで見ていると……。

○ 引継ぎの情報も大切にしながら、まず「見る」

実は違った面があることを見つけていきましょう。

> **アドバイス**
>
> 子ども一人ひとりを見て、よかったことは記録やメモをしていくことをおすすめします。

7 表情を豊かにすると ルールがはっきりする

教師は役者だと思う

子ども達がクラスのルールを守るようにするには、
喜怒哀楽
を先生がはっきりさせることが大切です。

喜んだり怒ったり、悲しんだり……様々な表情を見せることで、何がよくて何がいけないかがはっきりするからです。

子ども達は、
「これは OK かな」
と 4 月は探りを入れてくるものです。これは大人でも同じです。

そうした時、ダメなものはダメとはっきり言ってあげることも大切です。ただし、常に「怒」になってはいけません。基本は「喜」で接するようにしましょう。教師は役者でもあるのです。

切り替えの大切さ

私も苦手なのですが、喜怒哀楽をはっきりさせることと同時に切り替えることも大切です。私の父も教師でしたが、叱ったあと、
「はい、これで終了」
と宣言し、何事もなかったように授業をしていたそうです。

父のようにはまだ切り替えがうまくできません。父は、どこかで心の余裕があったのだと思います。切り替えてすぐ「喜」に変えられるような心構えを大切にしていきたいものです。

> アドバイス

深呼吸をすると切り替えが早くなります。「よし」という声かけも大切です。スイッチを入れ替える気持ちで指導していくとよいです。

8 まず一人ひとりの子どもとつながる

● 指導は納得、そのためにはつながること

　4月のスタートで大切なことは、まず子ども達とつながることです。家本芳郎先生は、指導は納得であると述べています（『〈教育力〉をみがく』寺子屋新書）。指導は、子ども達が「そうだなあ」と思って受け入れなければ成立しません。その「そうだなあ」と思うのが納得です。

　家本先生は子どもが「納得」するには、教師の人格の力が必要だと述べています。その先生の話を聞こうと思えるような、先生と子どもの関係をつくっておかないといけません。

● 子どもとつながるには、その子のよさに気づくこと

　子ども一人ひとりとつながるには、その子のよさに気づき、それを伝えることにつきます。

　「あなたにはこんないいところがあるのだよ」と伝えることです。さらには、クラス全員に伝えることです。

　このことは些細なことでもよいのです。

　ちょっとがんばったこと。

　ちょっと手伝ったこと。

　どんなことでもよいので、その子のよさを伝えることが大切です。

　そのためには、

　よさをメモする

　ということが大切です。

✕ つながらずに指導すると

信頼関係をつくらず、ただ叱り続けると反発が生まれます。

○ 「つながる」ことを大切に！

子どもとつながりながら納得できるように指導していくようにしましょう。

アドバイス

つながっているか、つながっていないかは聞いてもなかなかわかりません。しかし、大切なことは「つながろう」とする意識です。

9 子どもと積極的に コンタクトを

● ハイタッチ、握手、拍手の3つを欠かさずに

　学生の頃にお世話になった畿央大学の島恒夫先生に、子ども達との関わりの大切さを学びました。また、学校現場に入ってからは、中村健一先生や伊垣尚人先生、金大竜先生との出会いから、子ども達とコンタクトする方法を学びました。その中で取り組んでいる3つが、

　ハイタッチ、握手、拍手

　です。

　先生方から学んで、一番しっくりくるのが

　ハイタッチ

　でした。ハイタッチはだれでもカンタンにすぐできます。その後、一言「よかったよ」というように言葉をかけることもできます。

　さらにぐっと子どもとの距離を近づけるのが

　握手

　です。ほめたい時に使うこともできます。「今日のそうじ、よかったよ」と軽く握手するのもよい方法です。

　そして、

　拍手

　は、される側の気持ちを高めると同時にクラス全体の雰囲気を高めることにもつながります。この3つは、若い先生には必須のアイテムだと思っています。ぜひ、意識して取り組んでみてください。

　きっと子ども達との距離がぐっと近づきますよ。

✗ 子ども達とコンタクトをしない……

いそがしいからといって子どもと関わろうとしないと……。

○ 明るくたくさんのコンタクトを

ハイタッチや拍手、握手で子ども達とたくさん関わりましょう。

アドバイス

子ども達とのコンタクトの仕方は他にもたくさんあります。ぜひ、職員室の他の先生のコンタクトの仕方を参考にしてみましょう。

10 子どもの興味関心に常にアンテナをはる

● 子どもが好きなことに興味を持つ

子ども達が興味関心を持って授業に参加するには、先生も子ども達の興味関心に常にアンテナをはる、ということがとても重要です。
この子は何が好きなのだろうか。
この子は何に一生懸命だろうか。
というように一人ひとりの興味関心を知ろうとすることが、まず子ども達とつながることができる第一歩です。

●「最近の流行がわからない」は、タブー

「今の子ども達がわからない」。そんなことを言う先生がいます。
しかし、それは教師としては間違っていると思います。
わからないではなく、わかろうとしていないからです。
子ども達の興味関心はどんなことか。その内容は何か。
それも大切な子ども研究です。
私の場合、教え子から『進撃の巨人』を教えてもらいました。
最初はちょっと読むのが苦手でしたが、その世界観に引き込まれていきました。子ども達から教えられることは実はたくさんあります。
子ども達から学ぼうとする姿勢を常に大切にしていきましょう。

> **アドバイス**

4月に好きなものをよく聞くと思います。そうしたものをメモに取っておくとよいですよ。

11 よさを手紙や学級通信で伝えて「つながる」

● つながることはほめること、認めること

　子ども達との「つながり」を強くするには、何よりも「ほめること、認めること」だといえます。
　しかし、話して伝えるだけではなく、様々な方法で、コンタクトしていくことが大切です。
　私の場合は、学級通信をよく使っています。月1程度で、一人ひとりのよさを紹介するコーナーを作ります。ある時、マーカーで自分のところをぬっている子がいて、やっていてよかったなと思うことがありました。逆に、子ども達にほめてもらったような気がします。

● 様々な方法で伝える

　ただし、学級通信を出せない状況にある先生もいると思います。その場合は、手紙を書くことをおすすめします。私がよく使うのはバースデーカードです。
　黒板に大きな字で「○○さんおめでとう」と書き、バースデーカードをわたすようにしています。
　また、手紙以外では、ノートに励ましのコメントを書くことがあります。岩手県の佐藤正寿先生の実践を参考に、名前を入れて書くことがあります。「田中さんのがんばりは素晴らしい」というように名前を入れて書くという方法です。ぜひ試しにやってみるとよいでしょう。

> アドバイス

以心伝心という言葉があります。しかし、そこまでの関係にすることがまず大切です。まずは「伝心伝心」でいきましょう。

12 どんなクラスにしたいのか明確にする

● どんなクラスにしたいかビンゴをしよう

ここに9個のマスがあります。
このマスに、どんなクラスにしたいかを書いてみましょう。

教師として、担任として、こんなクラスにしたい！ と思うものをどんどん書いていきましょう。できれば真ん中に一番大切にしたいものを書くとよいでしょう。

● この9個のマスを埋めていく一年間に

この9個のマスに書かれたことが、実は担任としてのクラスへの目標なのです。この9個のマスをどのように達成すればよいかを考えることが学級経営のスタートです。やみくもに「笑顔でがんばろう」とか、「規律をしっかりしよう」というのではなく、まず、担任としてどんなクラスにしていきたいのかを考えることが大切です。

● 一年かけて取り組めばよい

ただし、9個のマスは簡単にはできません。一年をかけてじっくりと丁寧に進めていくのです。9個すべてできないかもしれません。しかし、それでよいのです。義務教育は9年あるのですから。ビンゴになったらOKぐらいのつもりでじっくり取り組んでいきましょう。

✕ やみくもに学級開きをしない

たくさんのルールやスローガンをやみくもに提示すると……。

○ どんなクラスにしたいかはっきりさせる

どんなクラスにしたいかはっきりさせてから、ルールをつくっていきましょう。

> **アドバイス**
>
> どんなクラスにしたいかビンゴを書いたら、家などに貼っておくとよいですよ。常に目に見えるところに貼ると意識が高まります。

13 学級づくりの視点を持つ

● 視点を持つと自分が理想とするクラスへの道筋が見える

　レオ・レオニの『スイミー』をご存じでしょうか。なかなか仲間に入れなかったスイミーが多様な経験を経て、仲間たちと共に行動する話です。

　私が講座をする時、学級づくりとは、「スイミー」のようにすることだと話をしています。スイミーは自分で状況を切り開いていきますが、学級づくりでは担任がその環境をつくることが大切です。

　では、その環境をつくるには、どうすればよいでしょうか。それは、

学級経営の視点を持つ

ことだといえます。

● 5つの視点で今の学級の状況を振り返ってみよう

　拙書『0から学べる学級経営―若い教師のためのクラスづくり入門―』(明治図書) で、学級経営の5つの視点を提案しています。この視点で足りないところ、自分が目指すクラスに近づくためにはどんなことをすればよいかを考えてみましょう。

　ゴール（目的、目標、方針）
　システム（仕組み）
　ルール（約束）
　リレーション（関係性）
　カルチャー（文化）

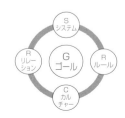

✗ 視点を持たずに学級づくりをすると……

視点を持たないと、子ども達にふりまわされて右往左往します。

○ 視点を持って、学級づくりをする

視点を持ってふりかえりながら、学級をつくっていきましょう。

アドバイス

こんなクラスにしたいビンゴと5つの視点を持って、自分自身の学級経営を振り返ると、クラスに今何が必要かが見えてきます。

14 自分に合った学級づくりを目指す

● 学級づくりで大切なことは自分らしさ

学級経営の5つの視点を見ながら、先生方であれば、どの部分を一番にがんばりたいと思いますか。

実はどの部分も大切なのですが、一番を考えることによって、先生のオリジナリティーがよく出てきます。

大切なことは、

自分らしいクラスをつくること

です。

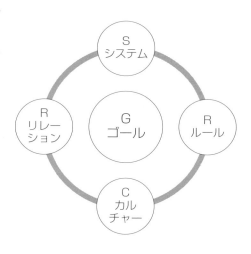

● カリスマを目指さない

教育書などに載っているようなカリスマ教師を目指さないことです。その本通りにしても、状況やその先生のキャラクターが異なる以上できるはずがないのです。そのかわり、そうした先生からエッセンスを抜きだし、自分なりの学級をつくっていくようにしましょう。

✗ 理想が高すぎると……

理想が高すぎると、子ども達はついてこられなくなります。

○ 自分らしいクラスづくりを目指す

子ども達と自分にあったクラスづくりをしていきましょう。

> **アドバイス**

初任の頃、管理職の先生に、「理想が子どもの上を走っている」と言われたことがあります。子ども達を見て、何ができるかを考えましょう。

第2章

ちょっとだけ背伸びしてみるクラスの伸ばし方

15 4月の「はじめ」は「今年はできる！」と意識させる

● 今年はできると思わせよう

　教師になってまだ経験が浅い頃、校長室に呼ばれ、
「この子大変なのだけど頼むね」
と言われたことがありました。
　その頃は、まだ若く、話を聞いてイメージすると、どんどん暗い気持ちになっていきました。しかし、そんな気持ちになっても仕方ありません。そこで考えたのが、
「今年はできる！」
とその子に思わせることでした。

● 今年こそと思える方法を！

　初日、「ちょっと手伝ってくれないか」と声をかけ、職員室に連れて私の荷物を運んでもらいました。周りの先生も昨年の様子を気遣って、「お！　いいね」「さすが○年生だな」とほめてくださいました。
　もちろん、それだけでその子が突然変わるわけではありません。その後も紆余曲折がありました。しかし、その子はとってもうれしそうでした。そんな姿を見た時、今年はなんとかいけるのではないかと思いました。
　子ども達はだれでも「今年こそは」と思っています。
　その「今年こそは」を、子ども達ができるだけ強く思える方法を考えてみましょう。

「できない」と先生が思うと伝染していきます。

「今年はできる！」と子ども達に伝染させていきましょう。

> アドバイス

「A君専用ノート」というようにノートをつけながら、取り組んだことがあります。アイデアをノートに書き込むのもよい方法です。

16 聞く集団にすることが第一

● 学級経営の基本は「聞く」こと

　学級経営の基本は、「聞く」ことだといっても過言ではありません。
　子ども達がいかに先生の話や友達の話を聞くことができるかで、学習する集団として成り立つかが決まるのです。

● 聞いて・聴いて・訊ける集団を目指したい

　話を聞いて行動に移せる「聞く」
　じっくり話を聞いて、考えたり思ったりできる「聴く」
　質問したり、自分からたずねたりできる「訊く」
　こうした3つの「きく」のステップを踏めるようにすることが大切です。しかし、若い先生はまず、いかに「聞く」ことができるようにするかを目指しましょう。

●「聞く」子がほめられる雰囲気をつくる

　「聞く」集団にする第一歩は、まず「聞いている」子をほめることです。
　「聞く」ことは、認められる。「聞く」ことはほめられる。
　というように、子ども達が「聞く」ことがよいことだと考えるようにしなくてはいけません。「聞かないと叱られる」より「聞くとほめられる」という形にして、「聞く」子をどんどん育てていけるようにしていきましょう。

※参照『吉永幸司の国語教室―学年別』(小学館)

> アドバイス

多賀一郎先生の『全員を聞く子どもにする教室の作り方』(黎明書房)、吉永幸司先生の『吉永幸司の国語教室―学年別』(小学館)を参考にしています。おすすめです。

17 話上手な教師を目指そう

◯ 子どもは話が楽しい先生が大好き

　聞く子を育てるためには、やはり、先生の話が楽しくなくてはいけないと考えています。
　ユーモア
　笑顔や笑い
　とぼけ
　間
　抑揚
　こうした話の技法は教師として学んでおきたいもの。私も若い頃、夏休みにNHKの話し方講座に通ったこともありました。
　先生の話が楽しいと子ども達も聞いてくれます。
　聞いてくれると、指示が入りやすくなります。
　聞く力を育てるには、やはり教師が話し上手にならないといけません。私もまだまだですが、若い先生はぜひ話上手になってほしいと思います。

◯ 話上手になるには真似すること

　話が上手な先生やテレビのタレントなど、あらゆる話上手の先生を真似しましょう。私は、スティーブ・ジョブズさんのプレゼンに関わる本やYouTubeを見ることがあります。ぜひ、様々な視点で学んでみましょう。

> アドバイス

落語や漫才を参考にする先生もいます。職員室で話し方の上手な先生をよく見て真似することもとてもよい方法です。

18　4月のスタートはテンポ、笑顔、面白さで

● 学級づくりの基本は授業

　学級づくりの基本は何といっても授業です。
　なぜならば、子ども達と接する機会が一番多いのが授業だからです。どんなによい学級活動をしても、授業で子ども達がのってこないとなかなか前には進みません。

● テンポ、笑顔、面白さを意識する

　4月だけではないですが、常に意識をしていることは
テンポ、笑顔、面白さ
です。
　授業の進め方を少し早くするだけでも子ども達の集中力が高まります。しかし、ふとゆったりと先生が語ったり、本を読み聞かせしたりしてもよいでしょう。大事なことは、「間」をいかにうまく使いこなせるかにかかっています。

● 笑顔になれない時もある

　多くの教育書には、「笑顔で」と書かれています。
　しかし、「笑顔」になれない時もあります。そうした時は仕方ありません。ただ、「笑顔」を大切にすることは意識してください。私は常に面白い話をしようと意識しています。毎日できるわけではないですが、意識することでできるようになります。

> アドバイス

山口県の中村健一先生の実践や著書を読むことをすすめます。とても役に立ちます。

19 授業は人とつながる場として考える

● 教える時代から子どもが学び得る時代へ

　授業は、教える時代から子どもが学び得る時代へと変化してきています。いかに「教えたか」ではなく、「子どもがいかに学びを得たか」が評価される時代となってきました。

　その中で、授業経験の少ない若い先生にとって、キーワードとなるのが、子ども達が「いかに授業で仲間とつながり合えるか」です。

● 自分だけではなく、仲間の結果にもコミットする

　自分さえよければいいという雰囲気を脱し、仲間の結果もよくしたいと思うことが大切だと考えています。

　「全員ができることを目指していこうよ」

　「知識は財産だと先生は思うんだ。絶対減らない財産。いくら分け与えても減らない。むしろ増えていく。だから、周りの困っている人に教えに行くんだ。そうすると、自分にない財産が必要な時、助けてくれるかもしれないよ」

　と、そんなことを言いながら、子ども達と学んでいくようにしています。西川純先生達が提唱する『学び合い』の影響を受けていますが、これはどんな授業でも同じです。すべての時間でなくても子ども達が関わったり、協力したりする時間を少しでも増やしていきましょう。

　そして、授業の中で子ども達が関わり始めると、一人ひとりのよさが見えてきます。担任はそのよさを見逃さないことです。

✗ 教えることだけに終始すると……

教えることだけ考えていると子ども達の差を生みだしていきます。

○ 子ども達が学び合うと学級もよくなる

学び合える環境をつくりだすことも教師の仕事の一つです。

アドバイス

すべての時間で関わり合うことは難しいので、最初は「5分間だけ学び合おう」というように時間を設定するとよいでしょう。

20 授業は作り置きの感覚で

● 授業と料理は似ている

　授業を料理に例える人は結構います。
　私もその一人です。
　フランス料理のフルコースのような、年に一回食べるか食べないかといった豪華な雰囲気のある研究授業。ちょっと軽く食べることができるお茶漬けのようなプリントを使った授業。
　授業は日々の営みなので、料理と似てくるのでしょう。どんなものでもよいですが、限られた時間の中で、子ども達にとって栄養価（価値）の高い料理（授業）にしたいものです。

● 限られた時間の中でいかに取り組むか

　料理の特徴は限られた時間の中でいかに取り組むかだといえます。
　それは授業も同じです。
　時間は限られています。その中でいかに子ども達にとってのベストな授業をしていくかを考える必要があります。
　そこで、学んでいることが
　作り置き
　の考え方です。
　冷凍庫に作り置きした料理があるように、授業も前日にすべて準備するのではなく、少し前に準備しておくことで、余裕が生まれます。また、じっくり取り組む時間も増えるので効果的な授業にもなります。

❌ 前日にすべての授業の準備をしようとすると

前日に全てをしようとするときつくなります。

⭕ 作り置きしてじっくり構える

計画を立てて、作り置きしながら授業をしていきましょう。

> **アドバイス**
>
> 単元ごとに教材研究や授業の計画を立てておくことや、あらかじめ、まとめて授業プリントなどを作っておくのもよい方法です。

21 朝の会、帰りの会でメッセージを伝える

● 朝の会はクラスへの思いやメッセージを伝える場

朝の会では、注意することもあります。
ただ、それが毎日続くと朝からテンションが下がってしまいます。
朝の会で、先生が話すこと。それはやはり、
クラスへの思いを伝える
ということだと考えています。

● こんなクラスにしたいと伝え続ける

「先生はね、こんなクラスにしたいんだ」
「昨日、こんなよいことをした人がいてね」
と具体的に子どもの名前を出しながらクラスへの思いを伝えていきます。
こうしたメッセージは常に発信し続けることが大切です。

● 帰りの会は、「今日学校に来てよかったな」と思えたら最高

帰りの会では叱ることはあまり意味がないように感じています。
もちろん、叱らざるを得ないという時もあります。
しかし、できるだけ、
「今日学校に来てよかったな。明日もがんばろう」
と思える言葉かけが大切だなと考えています。

> アドバイス

「今日のヒーロー」といって、今日一日がんばった人をほめる活動を取り入れたこともあります。

22 子ども達に合った当番システムを

● 教育書に書かれているシステムを鵜呑みにしない

　教育書に書かれているような「絶対うまくいくシステム」はそのまま取り組んでも絶対うまくいかないと考えています。なぜならば、目の前の子どもと先生自身が違うからです。
　大切なことは、
　本に書いてある通りに、すぐにはうまくいかない
　と知っておくことです。

● 目の前の子どもや学年の先生と合わせてミックスしていく

　クラスの子ども達の実態や学年の先生方のアイデアを参考にしながら一番よい方法を選びましょう。
　当番のシステムは子ども達の状況に応じて変えてもよいのです。最初はこの方法がよいかなと思っていても、あとで変更する場合もあります。柔軟に取り組んでいくことが必要です。

● とはいえ、教育書は読んだ方がよい

　教育書を読んではいけないと言っているわけではありません。
　教育実践がたくさん載っている本を読めば、様々な子ども達が動けるシステムが存在することに気づきます。アイデアもたくさん得ることができるでしょう。本の内容と実際の様子を重ねていきましょう。

> **アドバイス**

初任の先生など、子ども達の実態がわからない場合が多くあります。その場合、まずシステムをつくり、修正しながら取り組みましょう。

23 ゴールをできるだけ視覚化する

● 掲示しただけの学級目標はダメ

　学級目標はつくること自体でなく、つくったあとが大切だと考えています。
　子ども達一人ひとりの意見が反映されたり、教師のクラスに対する思いが表れたりするのが学級目標です。学級目標をつくったあとにどうするかがとても大切なことなのです。

● 学級目標は振り返りに効果的

　低学年であれば、学級目標を毎日声に出して読んだり、できたかどうか確認したりしてもよいでしょう。また、高学年になってきたら、学級目標が自分の中で達成できているか確認することもできます。
　大切なことは、学級目標を常に意識させ振り返りをすることで、子ども達の中でどんなクラスにしたいかが明確になるということです。

● 学級目標だけではなく、目指すものは視覚化する

　学級目標だけではなく、目指すものは視覚化するということが大切です。ただし、
　教室に貼りすぎない
ことです。これは、私自身、いつも反省しているのですが、貼りすぎると本当に大事なものがわからなくなってしまうからです。大切なことのみを掲示し、常にそこに立ち戻らせる工夫は大切ですね。

学級目標が貼っただけにならないようにしましょう。

学級目標を振り返る場として取り入れていきましょう。

> アドバイス

一年が終わった時、学級目標を子ども達がしっかり言えて覚えておけることを目指していくとよいです。

24 子ども達の未来を語り続ける

● 少し先の未来を伝えていく

　未来を語り続けるというのは少しおおげさかもしれません。しかし、5年生なら6年生、6年生なら中学校というように、少し先のことを話していくことが大切です。1年後、5年後、どうなってほしいのか。どのようにしていけばいいのかを語っていきましょう。
　様々な視点で子ども達に方向性を持たせていくことはとても大切です。

● 自分の子どもの頃の話を交えながら

　子ども達は先生の個人的な話が大好きです。
　自分の子どもの頃の話や、中学校の頃の話など、経験をもとに未来を語るということもできます。
　「中学校ではこんな勉強をするから、今この勉強をする必要があるよ」というように、子ども達に話すだけでもやる気を喚起することになります。

● 今だけを見ない

　未来を語るということは、
　今だけを見ない
　ということです。今だけを見るのではなく、少し先の未来に向かって取り組んでいくことがとても大切です。

❌ 今だけしか見ていない……

今しか見ないと、子どもも先生もきつくなります。

⭕ 少し先の未来を示す

少し先の未来を見ながら指導していきましょう。

アドバイス

未来を語るためには、先生も中学校のことや高校のことなど、教育について学んでおく必要があります。

25 お手伝いは声かけが欠かせない

● お手伝いでほめる回数を増やす

　子ども達は先生のお手伝いが大好きです。4月はとくに自分から「やりたい！」と言ってしてくれます。
　このチャンスを逃してはいけません。
　勉強が苦手でも、お手伝いはできると思っている子は大勢います。
　そして、そのお手伝いを通して、先生と関わり合いたいと思っています。このチャンスを逃さないことです。
「ありがとう」
という言葉はもちろんのこと、
「こんなに手伝ってくれてうれしいな」
「すてきな姿だね」
とさらっと言うのです。
　そうすると、子ども達は意気に感じてさらにがんばってくれます。

● お手伝いは声をかける機会になる

　お手伝いをしてもらったり、一緒に動いたりする機会を通して、子ども達とたくさん話をしましょう。実はお手伝いを頼むということは、子ども達とのコミュニケーションになります。
　ただお手伝いをさせて、何も言わなかったのでは子ども達はやらなくなっていきます。先生の言うとおりにさせるのではなく、お手伝いを通して、子どもと仲良くなるという意識で取り組んでいきましょう。

> アドバイス

学級通信や通知表などで書くこともとてもよい方法です。子ども達はやる気が出てきます。

26 子ども達に任せる時間を増やす

● 子ども達にできることは子ども達に

以前、『教師のための時間術』（黎明書房）を出させていただいた時に本に込めたメッセージが

子ども達にできることは子ども達に

でした。

先生がしなくても子ども達でできることはたくさんあります。

教室掲示一つとっても、実はたくさんのことが子ども達によってすることができます。先生が一生懸命掲示しなくても頼めば子ども達は喜んでやってくれるでしょう。

● 子ども達を信頼するということ

大切なことは、教師が子ども達を

信頼する

ということです。

信じる

ということでもあるかもしれません。

授業や学級活動で、子ども達にできることは子ども達にどんどん任せて活動させていくことがとても大切です。

今、アクティブ・ラーニングという言葉が盛んですが、まさに子ども達がアクティブに学ぶためには先生がいかに彼らを信用するかにかかっているといえるでしょう。

> **アドバイス**

大切なことは子ども達に任せたらほめることです。ほめて、認めて評価することが子ども達による学級経営になっていきます。

27 クラスのトラブルはクラスに返す

● トラブルをクラスのエネルギーに

　ケンカやトラブルは必ず起きます。
　それは、学級という集団の中では必ず起こることです。いじめも生じてしまうことがあります。
　しかし、大切なことは、それを
　最小限で食い止めて、トラブルをエネルギーに変える
　ことだと考えています。
　起きてしまったことは仕方ありません。大切なのはそれをいかに成長につなげていくかです。それが担任としての腕の見せ所だといえるでしょう。

● トラブルはクラスに返す

　トラブルは起きるものとし、トラブルが起きたら、できるだけクラスで話し合わせるようにしています。
　「決して二人だけの問題ではない。似たようなことが起こるかもしれない」
　「仲間だったら、あの時何かできたかもしれない」
　と、クラスとして今後どうしていけばよいか考えさせます。
　自分の問題でなければ関係ないという雰囲気をつくらせず、学級という集団の中で自分は、自分たちは何ができたかを考えさせるようにすると、子ども達の視野は広がっていきます。

✕ ケンカをして、その場だけで指導して終わり

ケンカをその場で指導して終わりでは、あまり効果はありません。

○ ケンカはチャンスととらえる

ケンカをチャンスとしてとらえ、クラスで話し合う場にしていきましょう。

アドバイス

トラブルをトラブルと見ない。トラブルを成長のチャンスとしてとらえようとすることがとても大切です。

28 よさ見つけを継続して行う

● よさを見つけることを必ず続ける

　仲間をほめて伝える実践が数多くあります。
　しかし、なぜ、こうした実践が多くあるのでしょうか。
　それは何よりも、仲間のよさを見つけることにより、人間関係を高めることができるからです。またよさを見つけることで、自分のよさに気づくことができます。
　ただし、
継続して行う
ということがとても大切です。どんな方法でもよいですが、仲間のよさを見つける実践は続けることが大切です。

● よさ見つけは色々な方法で

　私の場合、よさ見つけは、
書くこと
を通じてやってきました。
　毎日一人のよさを取り上げ、それを学級通信などに書くという活動をしてきました。学級通信などで取り上げることで、一対一の認め合う関係がクラス全体に広がっていくようにしたいためです。
　このように、よさ見つけは、先生のキャラクターや強み、そして子ども達の様子を考えて、よりよい方法を選んで行っていくことがとても大切です。

> アドバイス

帰りの会でよさを伝え合ったり、書いたりする時間を設定してシステム化すると、継続しやすくなります。

29 常に大切にしたいことを継続する

● 大切だと思うことを継続する

担任としてクラスづくりで大切だと思うことは、絶対に続けるべきです。

例えば、「相手を思いやるクラス」にしたいと思えば、それを言い続けることです。

迷いや悩みはつきものです。なかなか思いが通じないこともあります。すると、やはりこの考えはよくないかなと思うことが出てきます。

しかし、それでも伝え続けることは大切です。

● 方法は変えても芯の部分はぶれずに

「相手を思いやるクラス」にするために、仲間のよさを見つけ合う活動をするとします。なかなかうまくいきません。そんな時、例えば方法を少しアレンジして取り組んでもよいと思います。方法を少し変え、子ども達の実態に合わせていくことはとても大切です。

しかし、芯の部分はぶれないことが大切です。

「相手を思いやる」という目標を掲げたら、あきらめずにどんどん進めていくことが大切です。それが担任の仕事で一番大切な部分です。

● 担任の思いは必ず子ども達に伝わる

こだわりを持って、伝え続けるだけでも子ども達は変容していきます。リーダーの基本はメッセージを出し続けることです。

✗ 方針がぶれると子ども達もぶれる

方針がぶれると、子ども達も困ってしまいます。

○ 芯となる方針はぶれずに

方法は変えても芯となる方針はぶれないことが大切です。

> **アドバイス**
>
> 「話す・聞く・うなずく」のように、継続していきたいことを3つのフレーズで取り組むことがあります。短いフレーズで子どもの心に入っていくことが大切です。

第3章

難しい場面も
苦しくならずに
乗り切るための
ちょっとしたコツ

30 保護者と早くつながる

● まず、つながろう！

若い先生は子ども達に接するのと同じように、
保護者の方とも早めにつながる
ことを意識するとよいでしょう。

何かあれば、すぐ連絡をしたり、お便りを書いたりして、一人ひとりの保護者の方とつながっていくようにしましょう。

懇談会が苦手という若い先生も大勢います。話すことが苦手であれば、学校の様子の写真をスライドにして流すなどして、子ども達の様子を伝えることも大切です。

● よいことで電話をする

保護者の方とつながるよい方法は、
よいことで電話をする
ことです。

電話はどちらかといえば、よくない時に使うことが一般的です。

しかし、よいことがあった時やがんばった時にも電話をするようにしましょう。教師からの電話のイメージを変えることも大切です。電話以外でも若い先生は、
よいことを伝える
ということを意識して続けていくと、先生のことを信じてくれる保護者の方は増えていきますよ。

> **アドバイス**

ロン・クラークさんの『あたりまえだけど、とても大切なこと―子どものためのルールブック』（草思社）の実践を参考にしています。

31 一人の子に固執しない

● 苦しい時ほど一人の子に固執しない

　クラスで気になる子は必ずいます。そうした子しか見えない時が出てきます。その子の課題しか意識できなくなり、いつも叱ってばかり……そして、クラスはどんどん悪い方向へ……。実はこうした時ほど、

一人の子に固執しない

と意識することが大切です。これは赤坂真二先生の本※から学びました。

　一人の子に固執しすぎると、周りの子が見えなくなります。私自身、そうしたことが多くあります。

　もちろん、気になる子や課題のある子を、そのままほうっておくわけにはいきません。声をかけることも多くあるのですが、そんな時ほど、周りを見るという意識を持つ必要があります。

● 一人の子ばかり叱り続けると……

　叱られ続けると、「なぜ、僕、私ばっかり」と考えるようになっていきます。

　そのため、クラスに関係のあることは、クラス全体に指導をしていくことが大切です。ただし、ここでも注意が必要です。クラス全体に指導をしていくと、「また、●●のせいで」という意識になりやすいからです。そのため、指導の仕方を工夫し、ほめたり、促したり、誘ったりしながら、子ども達が納得できる方法で行いましょう。

✕ 一人の子に固執しすぎると

一人の子に固執しすぎないことが大切です。

○ 全体を見る。「木を見て森を見ず」にならない

全体を見ながら、指導していくことを大切にしましょう。

> **アドバイス**
>
> ※赤坂真二先生の『マンガでわかる「気になる子」のいるクラスがまとまる方法』（学陽書房）を参考にしています。

32 課題がある子とは「叱らない」時間をつくりつながる

● 一日を振り返ってみると

　一日を振り返ってみてください。今日、クラスで何人の子と関わりましたか。実は、一番関わっているのは、課題のある子であることがほとんどです。そして、課題のある子とは、「叱る」という行為を通じて、関わっているのです。すべてではないですが、課題のある子の特徴の一つに、コミュニケーションの弱さが挙げられます。先生に「叱られる」ことを通じて、関わろうとする子も少なくありません。しかし、それでは、お互いに傷ついたり、気持ちもよくなかったりします。

　そこで、私が意識していることは、
「叱らない」で関わる時間を増やす
ということです。

　例えば、何かおしゃべりするのもよいでしょう。遊んでもよいかもしれません。少しずつ、叱らないでほめて関わったり、普段通りに接したりする時間を増やしていきます。

　また、ポイントは、そうした課題のある子が、
他の子と関わり合う時間を増やす
ということです。ケンカやもめごとをせずに関わり合えるような時間を少しずつ増やしていけるようにすることが大切です。先生との関わりを周りの子ども達との関わりに変えていくことで、コミュニケーションの力をつけ、次の学年につなげていくことができます。

✗ 叱る時間だけで関わっていると

気になる子と、叱るだけの関係にならないことが大切です。

○ 叱らないで関わる時間を増やす

叱らないで話したり、語ったりする場を増やしていきましょう。

> アドバイス

「叱る」ことも時には大切です。「叱る」ことと「ほめる」ことのメリハリを考えて接していきましょう。

33 休み時間は様々な方法で

● おしゃべりも大切

休み時間は、様々な方法で、子ども達と関わってみましょう。
子ども達と遊ぶのも一つの方法です。
ただし、毎回遊ぶとなるとなかなか大変です。
そんな時は、
教室でおしゃべりをする
というのもよい方法です。
休み時間の教室の様子に目を向けてみると、一人で教室にいたり、何かをしたりしている子がいます。
こうしたシグナルを見逃さないことです。
しかし、いきなり、
「外で遊びなさい」
とは言わず、何気なく、おしゃべりから入るようにしていきます。
話す内容はどんなことでもよいのです。
ここで、それまでに培ってきた、子ども達の興味関心へのアンテナが力を発揮します。
子ども達が夢中で話すようになってくると先生とのつながりも強くなりますし、それをきっかけに教室にいた周りの子と話し合ったり、つながり合ったりすることも可能です。

> アドバイス

話を聞いてくれる人のことは、やはり誰でも好きです。ですから、話し上手、聞き上手を目指していきましょう。

34 「しょうがないな」と笑って次を考える

● 教師になった理由を考える

キレたり、暴れたり、泣いたり、子ども達は様々なことをします。しかし、子どもはそうやって成長していくととらえたいものです。うまくいかないことがあったり、苦しんだりしながら成長します。

そんな子ども達を成長させるために教師になったのではないでしょうか。

● 厳しい現実を知っていることはチャンス

いじめや学級崩壊など、テレビや新聞で報じられる学校の現場は決して生易しいものではありません。

しかし、厳しい現実を知ってもなお、そこに挑んでいこうとする若い先生達を私は尊敬します。

こうした厳しい状況だからこそ、教師をやっていてうまくいった時、とてもうれしいものなのです。また、教師自身も成長できるのだと思います。

子ども達が何か問題やトラブルを起こしてしまっても
「よし、さあ子どもが成長できるチャンスだ！」
と思って指導ができるぐらいの気持ちで臨んでいきたいものですね。

子ども達を助けることができるのは自分なんだという気持ちでいきましょう。

> **アドバイス**

GTOや金八先生にあこがれる先生はいると思います。しかし、若い先生方はGTOや金八先生より優れています。それぐらいの気概を持っていこう！

35 自分の味方を増やしていく

● 先生の味方は大勢います

　保護者の方でも同僚の先生でも、
先生の味方となっていく人
をどんどん増やしていきましょう。
　教師の仕事は多くの人の「思い」が反映される仕事です。
　そのため、多くの人の「好意的な思い」が学級運営をスムーズにするといっても過言ではありません。若い先生は特に応援してくれる保護者や学年の先生、管理職の先生など、多くの人に愛されることを目指していきましょう。

● 自分との関係性が味方をつくる

　自分を応援してくれる方は、
教師としてのがんばり、思い
を一番に感じてくれているのだと思います。
　ですから、とにかく、色々な人に聞いて学ぼうとする姿勢を大切にしてください。謙虚に一生懸命頑張っていれば、応援してくれる人は増えていきます。そして、
相手と向き合うことに時間をかける
ことも大切にするとよいでしょう。
　自分の仕事が安定してきたら、他の先生の仕事にもどんどん関わるとよいですね。

✗ 自分一人でがんばりすぎない

自分一人でがんばりすぎないことが大切です。

⬇

○ どんどん聞いて学ぼうとする

どんどん聞いて、応援してくれる人を増やしていきましょう。

> **アドバイス**
>
> 報告・連絡・相談のホウレンソウを大切にしていくことも大切です。ぜひ、多くの人に支えてもらいながらがんばりましょう。

36 傾聴の姿勢を持つ

● 聞くことも教師の仕事

保護者の方からの訴えや思いを聞く場合があります。

まずは「聞く」ことを大切にしましょう。

ただし、「聞く」のがつらい時があります。

そんな時は、「自分がその保護者だったら」と思って聞いてみましょう。

保護者の方の強い口調の裏には何があるのでしょうか。

担任への思いだけではなく、そこには、焦りや不安もたくさんあります。こうした背景を考えると、少し楽になって聞けます。

そして、「この保護者の方の本当の不安は何か」

を考えて聞くようにしましょう。

話を聞いていると、実は訴えてきたこととは違う不安を抱えているということもあります。このことは千葉県の城ヶ﨑滋雄先生から学びました。

● 先に電話を入れることも大切

こちら側から電話をするというのも大切な方法です。つまり、受け身に回らず、正しい情報を適切に伝えるということです。

何か起きた時ほど、実は電話はあまりしたくないのが本音です。

しかし、自分から伝えるという意識を持って取り組むようにしましょう。保護者の方と力を合わせることが大切です。

✕ よく聞く姿勢を持たないと

聞く姿勢を持たないと、反感を招くことがあります。

○ まず聞いて、不安なところを知る

まず聞いて、どこが不安なのか知っていきましょう。

> **アドバイス**
>
> 指導をした後、意外に忘れがちなのがフォローの電話。「今日はこんなふうによくなっていましたよ」と伝えるだけでも保護者の方は安心しますよ。

37 自ら学ぶ姿勢を大切に

● 教師の仕事は「学ぶ」こと

　学ぶという姿勢がなくなったら、教師としては失格だと考えています。常に学び続けようとする意識が大切です。
　しかし、ここで考えてほしいのは、「学び」は
勉強だけではない
ということです。
　ゲームや遊び、そういったものからも学ぼうとする姿勢がとても大切です。
　つまり、どんなことでもいいので、学びたい、知りたいと思う気持ちが欠かせないのです。

● 子どもから学べ！

　私の父は、よく
子どもから学べ
と述べていました。
　子ども達から学ぼうと思い続けることは大切です。
　それは、後輩でも誰からでも同じです。
　学校の勉強だけではなく、あらゆる人が先生です。
　そうした人達からいかに学ぼうとするかが教師として大切な姿勢だと考えています。

学びを止めてしまうと、何も始まりません。

苦しい時ほど、学びに出かけましょう。

> **アドバイス**
>
> 私が苦しい時に読んでいたのが、ビジネス書などの「学び方」に関する書籍でした。教育書以外にも学びはたくさんあります。

38 子どもを第一に考える

● 子ども達のために方法や考えが存在する

授業には様々な方法や考え方があります。

その方法や考えにしたがって取り組んでいくと、必ず結果が出てきます。しかし、気をつけなくてはいけないのが、

子ども達が見えているか

だといえます。

どんなに素晴らしいと思える方法でも、その方法のために子ども達を動かしてしまってはいけません。大切なことは、あくまでも子ども達のために方法や考えが存在するのであり、方法や考えのために子ども達が存在するわけではないということです。

そのことを、実践者である私たちは一番に考えるべきです。

● 子ども達を第一に考える思いを持ち続ける

若い時は、きっと、

「これ、子ども達のためになるのかな」

と思うことがたくさん出てきます。

経験が少ないということは、まだ学校教育の現場に染まっていないということです。そのため、新鮮な目で学校や教室、子ども達を見ることができます。こうした思いや感覚を失わないでください。

そして、違和感や疑問を解決できる立場や年になった時に、いよいよ自分自身で変えていくのです。

> アドバイス

子ども達のために私たちができることはたくさんあります。苦しい時もありますが、一緒にがんばっていきましょう！

第4章

自分らしく仕事を続けていくための仕事術

39 仕事の時間に区切りをつける

◉ 教師の仕事の特徴は、終わりがないということ

秋田喜代美・佐藤学『新しい時代の教職入門―改訂版』（有斐閣アルマ）に教師の仕事の特徴や性格が書かれています。それを私なりに図式化すると、下のようになります。つまり、教師の仕事は、様々な業務が同時に起こり、そして終わりがありません。子どものためを思えばいくらでもできてしまう。それが教師の仕事のよいところであり、悪いところでもあるのです。

◉ 内容に終わりがなければ、期限をつける

内容に終わりがなければ、期限をつけるということがとても大切です。

「何時までに終わらせよう」

「あと20分で終わるようにしよう」

こうして期限をつけることで、仕事に一旦の区切りをつけることができます。どこかで終わりを決めることで、仕事のスピードが一段と上がります。

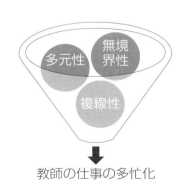

> **アドバイス**

早く帰る日を設定するのも区切りをつける一つの方法です。習い事を始めるのもよい方法です。

40 宿題チェックや採点はできるだけ子どもが帰るまでに

● 放課後まで残すと一気にスピードが下がる

　テストの採点や宿題のチェックというのは面白いもので、子どもが帰ったあとに回すと、スピードが格段に落ちることに気づきます。
　放課後も会議や打ち合わせがあるため、できるだけ子ども達がいる間に済ませたいものです。

● どれぐらいで終わるのかをいつも考えて仕事をする

　宿題は朝少し早く来てチェックしたり、20分休みは宿題のチェックに充て、昼休みは子ども達と遊ぶと決めて取り組んだことがあります。
　また、宿題がどれぐらいでチェックできるのか、よく時間を計って取り組んでいます。採点も一人当たり何分だから、全員であと何分ぐらいだなと考えて取り組むようにしています。
　帰りの会までに終わらせるという目標をつくり、それに向かって集中して取り組むと、放課後の仕事はかなり少なくなります。

● 宿題の出し方にも工夫を

　例えば、ドリルで出す番号をその週の金曜日まで決めておいたり、行事に合わせて、宿題の出し方を変更したりするなど、少し先取りすることで、当日一つずつ考えずに済みます。こうした小さな積み重ねが時間短縮のカギといえるでしょう。

✗ 子どもが帰ってから取り組もうとすると……

放課後は実は忙しい時間帯です。

○ 子ども達が帰るまでが勝負

子ども達が帰るまでに、できるだけのことをしていきましょう。

> **アドバイス**
>
> テストは早く返却すると子ども達が喜びます。やはり、結果は早く知りたいものです。すぐ採点してすぐ返却していくと仕事が楽になります。

41 書類管理は「捨てる」を基本にする

● 「捨てる」ことからスタートしよう

4月はたくさんの資料が配られます。さらに、たくさんのチラシやお知らせなどで、あっという間に机がいっぱいになります。整理整頓の整理はいらないものを捨てるという意味があります。どうしても手に負えない時は、周りの先生に聞けばよいのです。実際、チラシやお知らせを捨てても困ることはほとんどありません。そのため、4月から学校現場に入る人は、積極的に「捨てる」意識を持ち続けてください。

● 選択する時間を限りなく少なくする

インターネットで、スティーブ・ジョブズさんがいつも同じTシャツとジーンズを着ていたという記事を読んだことがあります。諸説ありますが、できるだけ選択する時間を少なくするという理由があると知り、なるほどと思ったことがあります。

私はできるだけ資料を細かく分類しないようにもしています。大きく3つぐらいに分けて資料を綴じるようにしています。資料を分類する時間を取られたくありませんし、資料はすぐ出せるようにしています。そして、「これはいらないな」と思うチラシなどはできるだけ「すぐ」捨てるようにしています。ポイントは「すぐ」です。できるだけ机の上には置いておかず、視野に入れないようにしています。

視野に入れないだけでも、実は考える負担は減ります。

> **アドバイス**

綴じるファイルも工夫しましょう。頑丈で使いやすいものは少し高価です。しかし、仕事を助けてくれると思えば実はコストパフォーマンスはよいといえます。

42 仕事にメリハリをつけ、力を抜いて取り組む

● 仕事にメリハリをつける

　北海道の堀裕嗣先生やスポーツやビジネス書から学んだことがあります。それは「力を抜く」ということです。
　力を抜くというのはよい表現ではないかもしれません。
　しかし、言い換えれば、メリハリをつけるということです。
　すべてを全力で行うことは超人でない限り難しいでしょう。
　そこで、仕事にメリハリをつけ、力を抜いて自然体で仕事をすることが大切なのです。

● 力を入れるポイントは「緊急かつ重要」な仕事

　力を入れて全力で取り組む仕事は、緊急で重要な仕事です。
　しかし、そうした仕事は、実際はあまりありません。そのため、その瞬間、瞬間に力を入れる意識を持てばよいのです。
　また、少し力を抜いて、自然体で仕事をした方が、子ども達にとっても実はプラスになるのです。先生に余裕があるとクラスも少しおだやかになっていきます。いつもはのんびり、ゆったりしている先生が「さあ、いくぞ」と力を入れると、子ども達も「よしやろう」と思うようになります。
　大丈夫、力を抜いて自然体で仕事をしていきましょう。

✕ 力みすぎると、うまくいかなくなる

いつも全力だと疲れてしまいますよ。

○ 自然体で力を抜いて

時には力を抜いて、自然体でいきましょう。

> **アドバイス**

苦しい時ほど、自然体で肩の力を抜いてみましょう。大きく深呼吸をして、ゆったりすることを意識して仕事をしてみましょう。

43 追われる忙しさに陥らない

● 追い込まれる忙しさに陥らないように

　仕事がとっても楽しい時は、あまり忙しさは気になりません。あっという間に時間が過ぎていきます。毎日が充実していれば、体調管理さえ心掛けておけばよいかもしれません。
　一方、忙しい時や苦しい時は、精神的に追い込まれている時です。つまり、多忙感は精神的なものからきている場合もあります。忙しさに追い込まれないように心掛けることが大切です。

● 楽しい時は仕事を攻めている

　楽しい時はなぜ、忙しくても負担に感じないのでしょうか。それは、仕事に対して「攻めて」いるからです。
　「攻めて」いる時は、前向きでどんどん仕事をこなしていけます。それがうまくいくとさらに前向きに取り組むようになります。部活に燃える先生は部活が楽しくて仕方がありません。そうした先生は忙しいと言いながらも実際は笑顔です。

● 仕事に楽しさを見つける

　仕事に楽しさを見つけることが追い込まれないための一番の方法です。楽しくない仕事でも、常にいかに楽しく、そして早く終わらせるかを考えています。そうすることによって、仕事の効率も上がっていきます。

❌ 楽しめず嫌々やっていると

嫌々やっていると、大人もやりたくなくなってきます。

⭕ 楽しく、前向きに仕事に取り組む

楽しく、前向きに仕事に取り組んでいきましょう。

> **アドバイス**
>
> 集中力が高まらない時は、自分が好きな仕事から取り組んでみると、スムーズに進めることができます。

44 段取り力を つけよう

● 段取りの力は教師の仕事を高める

　齋藤孝先生の『段取り力』(筑摩書房)という本があります。仕事の順番を決め、段取りをつけて取り組んでいくことは、終わりがなく、たくさんの種類のある教師の仕事にはうってつけです。

　教師の仕事をしながら、いかに自分なりの段取りの力を身につけることができるか。それができる教師とできない教師の差なのかもしれません。

● 家事をすると段取り力が高まる

　家事、とくに料理をする時のことを考えてみましょう。料理をするために具材を用意し、洗い、切って……と実はとてもたくさんの段取りをこなしています。教師の仕事も同じように、まず書類を整えたり、そろえたりするところから始めています。

　私の場合、子ども達に、提出物はできるだけ出席番号順に出すように指導をしています。出席番号順にそろっているだけでその後の時間は大はばに短縮できるからです。教師用の机をきれいにしておくのはこのためでもあります。まずは、仕事は段取りをつけることから始めていきます。

　私は、料理をすることをすすめます。少しでも台所に立ったり調理したりするようにしましょう。お茶を沸かすだけでもよいのです。それが段取り力を鍛え、仕事に生かすことができます。

> **アドバイス**
>
> ToDo（やるべきこと）リストを使うことも効果的です。何をするべきかよく考えて取り組むことは段取り力を高めることになります。

45 自分に合う仕事の仕方を模索する

● 大事なのは自分のライフスタイルに合っているか

　書店に行くと様々な働き方の本があります。教育書もそうした本が書店に並ぶようになりました。「仕事術」に関わる本もあります。
　その中で、「朝早く起きて仕事をするとよい」と書かれている本と「朝はできるだけゆっくり出勤しよう」と書かれている本があったとします。皆さんはどちらが正しいと思いますか。
　実は、これはどちらも正しいのです。大事なことは、自分のライフスタイルに合っているかを考えて選択するということです。

● 時と場に応じて働き方は変化する

　仕事の仕方は時と場に応じて変化してもよいと考えています。どうしても学校に遅くまで残らなければいけない日もあります。大切なことは、それをだらだらと続けないことです。
　私の場合、月曜日や火曜日はできるだけ早く帰ろうと考えています。以前は、月曜日にとことんはりきり、夜遅くまで仕事をすることがありました。しかし、それだと土曜日まで授業がある週は、まったくうまくいかない時がありました。そこで、月曜日や火曜日は早く帰ろうと考えるようになったのです。
　学校の勤務状況で遅くなることもあります。とにかく早く帰る、というだけではなく、自分のライフスタイルに合わせて働きやすくすることが大切です。

❌ 自分に慣れない仕事術をし続けると

本に書いてあった朝型にしてみたけど

ぜんぜん進まない……

自分に合った仕事術をしないと……。

⭕ 自分のライフスタイルに合わせて仕事をしよう

毎週金曜日は6時に帰る!!

これで他の曜日もがんばれる!!

自分のライフスタイルに合った仕事術を見つけていくことが大切です。

アドバイス

「うまく休みを取る」という考え方を大切にしましょう。夏休みなども休む時はしっかり休むことが大切です。

46 助言はあくまで助言として受け止めればよい

● すべての助言に従おうとするから苦しくなる

　例えば、クラスのことで苦しくなったり、子ども達との関係がよくなかったりすることがあります。
　そんな時、周りの先生がアドバイスをしてくださいます。
　アドバイスそのものはよいのですが、
「こうするといい」
「いや、こっちの方がいいんじゃないか」
と多岐にわたると、逆に苦しくなってしまうことがあります。
　大切なことは、すべての助言に従おうとはしないということです。

● 最後は自分が決めるのが一番！

　私も困っている仲間がいれば、アドバイスをします。
　しかし、
「最後は、先生が決めるんだよ」
と言うようにしています。
　その子のことを一番知っているのは、その先生です。
　それは若いもベテランも関係ありません。
　今、子どもと向き合っている先生が決めることが一番です。
　ぜひ、自信を持って、どのように指導するかは先生自身が判断しましょう。

> **アドバイス**
>
> たくさんの助言をいただいた場合は、一度項目ごとに書き並べ、整理しながらよい方法を選択するようにするとよいです。

47 悩まず、次の戦略を考える

● 悩むのはあたりまえ

　学級のこと、授業のこと、生徒指導のことなど、仕事に悩みはつきものです。
　そんな時、どうしても
「うまくいかない」
と自分を責めてしまいがちです。
　しかし、ずっとうまくいく先生なんていません。
　そんな先生では、逆に子どもが苦しむかもしれません。
　悩むのはあたりまえと思い、それを受け入れて仕事をしていくことが大切です。

● 悩んだら、対案づくりをしよう

　私自身も苦しいなと思うことがたくさんあります。
　実によく悩みます。
　しかし、悩んだら、対案を出すということを意識して続けています。
　うまくいかないことで苦しむのではなく、
「どんな方法でいったら変わるのかな」
と対案を考え、それを実践していきます。
　こうした対案づくりが実は教師としての力を高めることにつながると考えています。

悩んで自分を追い込まないことが大切です。

苦しい時ほど、対案を見つけ、どんどんやっていくことをおすすめします。

> アドバイス

初任時代に、対案やアイデアをノートにたくさん書いていました。書くことでイメージがはっきりする場合があります。

48 自分から学んでいくことを大切にする

◉ 教師もアクティブ・ラーニングを

「アクティブ・ラーニング」という言葉が多くの学校現場で聞かれるようになりました。文部科学省によれば、「学修者の能動的な学修への参加を取り入れた教授・学習法の総称」と呼ばれます。

つまり、これからは、より主体的に能動的に学ぶ姿勢が求められます。しかし、「子ども達に能動的に学びなさい」と言う前に、教師自身が学ばないと先には進めないと考えています。

◉ 自らお金を払って研修に参加すると意識が変わる

教育委員会が設定した研修だけではなく、自分で授業を見に行ったり、お金を払って参加したりすると意識が変わり、より能動的に学ぼうとすることができます。与えられた研修の場合、どうしても受け身になってしまいがちです。そのため、自分で選び、自分で学びに行く姿勢がとても大切です。

◉ 与えられた研修でも能動的に

初任者研修をはじめ、多くの研修があり、講師として呼ばれることがあります。そんな時は、「どうせなら、2時間嫌々やるより、楽しくやりましょう」と話すことがあります。私自身も与えられた研修はなかなかモチベーションを上げることが難しいと感じることがあります。与えられた研修でも能動的になれればより有意義ですね。

> **アドバイス**

研修会の情報は教育関係の出版社のホームページに多く載っています。参考にするとよいでしょう。

㊾ 自分なりの記録の残し方を考える

● いかに続けられる記録の取り方ができるか

「記録を取りなさい」

と若い先生はよく言われると思います。

教育書も多くは読書と記録を残すことの必要性が書かれていると思います。

しかし、大切なことは、

自分なりの記録の取り方

を意識することだといえます。

● 自分に一番しっくりくる記録の残し方

ある先生は、子ども達の氏名印を1ページずつ打っていき、一人ひとりの記録を残し、1年間で一冊のノートを作っていました。私は座席表にどんどんその子のよさをメモして、学級通信に載せています。学級経営簿のようなものに毎日記録を残している人もいます。

大切なことは、いかに自分に合った記録の残し方を見つけることができるかだといえるでしょう。

私は記録を残すことは教育的財産であると思っています。

ぜひ、自分なりの記録の残し方を身につけ、教育的財産をたくさん残してほしいと思います。

✗ 全部記録に残そうとすると……

全て記録を残すことはなかなか難しいことです。

○ 自分なりの記録の残し方を身につける

自分なりの記録法を見つけていきましょう。

> **アドバイス**
>
> SNSで記録を残そうとする先生が時々いらっしゃいますが、プライバシーに細心の注意を払うようにしましょう。個人情報の管理を大切に。

50 仕事以外の楽しさも見つけよう

● 趣味に生きる教師は子ども達にとっても魅力的

　私が中学生の時、プロレスが大好きな先生がいました。プロレスのことを聞くとなんでも答えてくれます。怖い先生でしたが、プロレスの話をしたくてよく先生の周りに大勢生徒が集まっていました。

　しかし、よく考えると自分達はプロレスが特別好きというわけではありません。その先生がうれしそうに、学校の授業とは違った話をしてくれるのが楽しかったのだと思います。

　学校の仕事だけではなく、趣味があり、教養がある先生は子ども達に人気があります。

● 趣味があると仕事の効率がよくなる

　サッカーの試合がある。
　どうしても見たい映画がある。
　こうした趣味や生きがいがあると、仕事をより効率的にしようと動くことができます。時間は限られています。そこで、いかに効果を維持したままで時間を短くしようかと考えるからです。

　また、趣味が実際の仕事に生きることがあります。私は、日本サッカー協会のコーチのライセンスを取得したことがあります。そこでの学びは、コーチングや指導の面で私にとても大きな影響を与えています。趣味も学びの一つです。ぜひ、様々なことに興味を持ち、それを仕事に生かしていける教師を目指していきましょう。

> **アドバイス**

大学院への進学や新しい教員免許を取得するというのもよい方法です。どんどんトライしていきましょう。

おわりに

　本書は、私の11年間の公立学校教員としての経験をまとめたものです。そのきっかけは、東京で行われた研究会で学陽書房の山本聡子さんと再会したことから始まりました。
　夏休み中であっても執筆時間は少なく、たった7日間しかありませんでした。
　しかも、7日間で自宅にいる時間は3日間だけ。その中で執筆する作業はとても大変でした。外出しては書き、寝ては書き、食べては書きの繰り返し。しかし、人間やればできるもの。自分の中でできないと壁をつくっているのだなと改めて感じました。
　「できないと思う自分といかに闘うか」
　それが私の課題だなと思っています。
　そんな中で生まれた本書は、今まで書いてきた著作のエッセンスを抽出したような一冊です。今までの著書も私の考えや実践のエッセンスにはちがいありません。しかし、今回はエッセンスのエッセンスといった感じです。ベストアルバムのようなものかもしれません。
　こうしたベストアルバムを作っていく中で、本書のキーワードは
　「つながり」
であると感じています。
　いかに子ども達とつながるか。
　それが私が今までも、これからも求めているものであり、若い先生に意識してほしいことだと思いました。
　どれほどよい教え方を身につけても、子ども達とつながっていないとうまくいきません。子ども達が受け入れてくれる関係でないとなか

なか先には進みません。
　もちろん、すぐつながることはできません。時間はかかるものです。
　しかし、時間をかけてゆっくりと、焦らず、あわてず、つながっていこうとすることで、きっとよいクラスになっていきます。自分を信じて学級づくりに励んでください。

　最後になりましたが、企画してくださった学陽書房の山本聡子さんに心からお礼申し上げます。以前、企画していただいてから5年以上経ったと思います。やっと、今回、ご期待に応えることができました。
　また、妻、千裕には、温かく見守ってくれて心から感謝しています。さらに、毎回、私の原稿を校正してくれて、本当にいつも、いつもありがとう！　仕事だけに走らず、家族とも強くつながっていきますので、これからもどうぞお付き合いください。
　ここまで読んでくださった読者の皆さん、いつも見守ってくれているクラスの子ども達、保護者の皆さん、同僚の先生方に心から感謝しています。ありがとうございました。

美しい比叡山を眺めながら

平成27年12月
長瀬拓也

著者紹介

長瀬 拓也（ながせ　たくや）

1981年岐阜県生まれ。小学校教諭。専門は、学級組織論、教育方法学、社会科教育。日本教育実践学会、日本社会科教育学会所属。高校生の時、中学校教員だった父親が白血病で他界したことをきっかけに、教職の世界を志す。初任時代から若い教師の自殺や退職の問題に関心を持ち、若い先生を助けるためのサークル活動や教育委員会など主催の研修講師も行っている。
2015年4月より京都市の私立小学校に赴任。
『新版　若い教師のための読書術』（学事出版）、『教師のための時間術』（黎明書房）、『0から学べる学級経営―若い教師のためのクラスづくり入門―』（明治図書）など。

参考文献

家本芳郎『〈教育力〉をみがく』（寺子屋新書）
堀裕嗣『生徒指導10の原理・100の原則―気になる子にも指導が通る110のメソッド』（学事出版）
堀裕嗣、山田洋一『教師力トレーニング・若手編　毎日の仕事を劇的に変える31の力』（明治図書）
長瀬拓也『教師のための時間術』（黎明書房）
長瀬拓也『失敗・苦労を成功に変える教師のための成長術―「観」と「技」を身につける』（黎明書房）
長瀬拓也『0から学べる仕事術―若い教師のための働き方入門―』（明治図書）
城ヶ﨑滋雄『子どもと「ぶつからない」「戦わない」指導法！』（学ண書房）
伊垣尚人『子どもの力を引き出すクラス・ルールの作り方』（ナツメ社）
金大竜『新任3年目までに身につけたいクラスを動かす指導の技術！』（学陽書房）
佐藤正寿『新版　学力のつくノート指導のコツ』（学陽書房）
多賀一郎『全員を聞く子どもにする教室の作り方』（黎明書房）
吉永幸司『吉永幸司の国語教室―学年別』（小学館）
中村健一『教室に笑顔があふれる中村健一の安心感のある学級づくり』（黎明書房）
西川純『すぐわかる！　できる！　アクティブ・ラーニング』（学陽書房）
ロン・クラーク『あたりまえだけど、とても大切なこと―子どものためのルールブック』（草思社）
赤坂真二『マンガでわかる「気になる子」のいるクラスがまとまる方法』（学陽書房）
秋田喜代美、佐藤学『新しい時代の教職入門―改訂版』（有斐閣アルマ）
齋藤孝『段取り力』（筑摩書房）
堀裕嗣他『堀裕嗣・渾身のツイート30――流教師が読み解く教師力アップ！』（黎明書房）

○×イラストでわかる！
新任教師のための なぜかうまくいくクラスのつくり方

2016年1月18日　初版印刷
2016年1月25日　初版発行

著　者	長瀬　拓也（ながせ　たくや）
発行者	佐久間重嘉
発行所	学陽書房
	〒102-0072　東京都千代田区飯田橋1-9-3
営業部	TEL 03-3261-1111／FAX 03-5211-3300
編集部	TEL 03-3261-1112
	振替口座　00170-4-84240

装丁／スタジオダンク　本文デザイン／メルシング　岸博久
イラスト／すぎやまえみこ　DTP制作／新後閑
印刷／倉田印刷　製本／東京美術紙工

© Takuya Nagase 2016, Printed in Japan.　ISBN 978-4-313-65301-6 C0037
乱丁・落丁本は、送料小社負担にてお取り替え致します。